Geld sparen für Anfänger

Mit den besten Spartipps beim Einkaufen und im Haushalt Geld sparen, um Schulden abzubauen und clever reich zu werden.

Michael Freitag

1. Auflage

Copyright © 2018

Michael Freitag

Alle Rechte vorbehalten.

Inhaltsverzeichnis

HAFTUNGSAUSSCHLUSS 2
VORWORT 3
ERSTES KAPITEL: DIE BEDEUTUNG DES GELDES . 6
ZWEITES KAPITEL: WAS BEDEUTET „GELD SPAREN" EIGENTLICH GENAU? 9
DRITTES KAPITEL: SPAREN IM ALLTAG 12
VIERTES KAPITEL: SPAREN BEIM EINKAUFEN ... 20
FÜNFTES KAPITEL: FÜHREN SIE EIN HAUSHALTSBUCH! 23
SECHSTES KAPITEL: SCHULDEN ABBAUEN 26
MASSNAHMEN ZUM SCHULDENABBAU 30
SIEBTES KAPITEL: DURCH SPAREN EIN VERMÖGEN AUFBAUEN 34
AUSBLICK: DER DUFT VON FINANZIELLER FREIHEIT 37
DIE FÜNF BESTEN UND EFFEKTIVSTEN SPARTIPPS 42
DANKSAGUNG 45
IMPRESSUM 47

„Viele Menschen sehen es nicht ein, welch große Einnahme die Sparsamkeit ist."

Marcus Tullius Cicero

Haftungsausschluss

Copyright (Urheberrecht) © 2018 von Michael Freitag
Das Werk einschließlich aller Inhalte ist urheberrechtlich geschützt.

Alle Rechte vorbehalten. Nachdruck oder Reproduktion in irgendeiner Form (Druck, Fotokopie oder anderes Verfahren) sowie die Einspeicherung, Verarbeitung, Vervielfältigung und Verbreitung mit Hilfe elektronischer Systeme jeglicher Art, gesamt oder auszugsweise, ist mit Ausnahme von auszugsweisen und nichtkommerziellen Erwähnungen/Zitaten (beispielsweise im Zuge von Buchrezensionen) im Rahmen des Urheberrechtsgesetzes ohne ausdrückliche schriftliche Genehmigung des Autors untersagt.

Das Werk inklusive aller Inhalte wurde unter größter Sorgfalt erarbeitet. Der Autor übernimmt jedoch keine Gewähr für Aktualität, Korrektheit, Vollständigkeit und Qualität der bereitgestellten Informationen. Es kann keine juristische Verantwortung sowie Haftung in irgendeiner Form für fehlerhafte Angaben und daraus entstandenen Folgen vom Autor übernommen werden.

Vorwort

Umso öfter wir die Nachrichten verfolgen, umso öfter wird auch oftmals die Befürchtung in uns laut, „dass es so nicht weiter gehen kann". Im Gegensatz zu Themen, bei denen wir uns durch die Politik und die Umstände bestimmt, oftmals einfach nur machtlos fühlen, gibt es in unserem eigenen finanziellen Bereich immer wieder Situationen, die wir verbessern und in denen wir aus eigener Kraft handeln können.

Bei der Rentendiskussionen der Bundesregierung mit sämtlichen für uns arbeitenden Bürger nicht nachzuvollziehenden Entscheiden nutzt eins leider überhaupt nichts: wenn wir den Kopf in den Sand stecken und nur darüber jammern, wie schlecht es uns im Alter gehen wird bei dieser „mickrigen Rente". Nein, es geht vielmehr darum, so früh wie möglich in den „jungen Jahren" vorzusorgen – und das nicht nur dafür, um beim Renteneintritt die anfallenden Kosten gedeckt zu halten, sondern vor allen Dingen genug Geld überzuhaben, um uns einen schönen Lebensabend ermöglichen zu können, der weit darüber geht, nur die Miete zahlen oder das Brot kaufen zu können.

Das Prinzip dabei klingt simpel, zieht aber aufgrund des wiederholten Umstandes eine weitreichende Problematik wie ein Rattenschwanz hinter sich her: zu oft geben wir zu viel Geld für Dinge aus, die wir überhaupt nicht benötigen. Das Geld ist nun weg und oftmals plagt uns vielleicht ein schlechtes Gewissen. Verstehen Sie mich nicht falsch – das soll auf gar keinen Fall heißen, dass Sie sich nicht ab und zu für Ihren harten Arbeitsalltag belohnen sollen. Den das sollten Sie sogar unbedingt tun – schließlich opfern wir Jahrzehnte unserer kostenbaren Lebenszeit dafür auf, dass wir jeden Tag Aufgaben nachgehen, für die wir Geld erhalten. Wir lassen uns eigentlich „kaufen" – denn evolutionsbedingt sind wir Menschen eigentlich gar nicht dafür vorgesehen, von 9 bis 17 Uhr im Büro zu sitzen und Excel-Tapeten auszumalen. Aber wir benötigen diese Tätigkeit, um Geld zu verdienen, dass dann im Anschluss zur Befriedigung unserer Grundbedürfnisse benötigt wird: Essen und Trinken, schlafen in einem warmen Bett, wohnen mit einem Dach über dem Kopf.

Das ist nicht nur schlecht: immerhin haben wir heute nicht mehr den alltäglichen Stress damit, ein Mammut zu fangen, Beeren zu sammeln oder Fische zu fangen, um zu überleben. Wir nutzen den Ofen nicht mehr, weil wir unbedingt heizen müssen, sondern haben ihn zusätzlich zur Gaszentralheizung als nettes Gimmick für kalte Winterabende für günstiges Geld erworben. Das Bestreiten unseres Lebens ist durch Geld nicht nur einfacher, sondern überschaubarer geworden. Dennoch kam mit dem Geld auch eine Welle an Dingen in unser Umfeld, die uns quasi die „Sinne vernebeln". Viel zu viele Verlockungen lassen sich per Knopfdruck im Internet erwerben, bezahlt wird direkt mit modernen elektronischen Zahlungsmethoden, Überweisungen erledigen wir schneller als einen Reifenwechsel bei der Formel 1 per Knopfdruck auf die Smartphone-App und immer wieder buhlen verschiedene Anbieter um unsere Aufmerksamkeit bei Neuwagenangeboten und sonstigen Waren, die uns Spaß machen sollen neben dem natürlichen Nutzen. Und hier ist Vorsicht geboten – denn für viele ist der Weg in die Schulden nicht weit.

Erstes Kapitel: Die Bedeutung des Geldes

Das Geld, das sich bis heute nachhaltig als Zahlungsmittel etabliert hat, war ursprünglich aus der Not heraus entstanden, dass die Menschheit ein allgemein gültiges, begreifbares Tauschmittel erfinden mussten. Zu Zeiten, als die Menschen damit begannen, Dinge zu tauschen, war jedoch an das reine „Bezahlen" von Waren noch nicht zu denken. Getauscht wurde immer dann, wenn jemand etwas Besonderes in seinem Besitz hatte, was der Gegenüber als brauchbar oder begehrenswert erachtete. Der Tausch wurde vollzogen, wenn sich beide Parteien über die Einsätze einig waren. Somit wurde auch schon hier bestimmt, welchen Wert ein Produkt besitzt. Selbst länderübergreifend begannen die Seefahrer damit, Waren zu tauschen und brachten somit besondere, zu Hause nicht verfügbare Kleinigkeiten mit zurück. Irgendwann wurde es jedoch unpraktisch, Felle, Whiskey und Edelsteine zu tauschen, da je nach Ort und Verhandlungsgeschick der Beteiligten ein anderer „Warenwert" für den jeweiligen Tauschgegenstand zustande kam.

Die Währungen brachten somit eine Vereinfachung der Situation mit sich – nun konnte durch die neue Fixkonstante des Geldes genau bestimmt werden, wie hoch der Wert eines Produktes ist. Auch unterschiedliche Währungen konnten miteinander verglichen werden, wenn sie verschiedene Einheiten hatten – und das ist bis heute so geblieben. Selbst wenn sich der Euro und der amerikanische Dollar im Umrechnungskurs unterscheiden, können wir uns doch durch ein wenig Kopfrechnen schnell vorstellen, welchen Wert ein Produkt auch in anderen Ländern einnimmt.

Umso mehr sich das Währungsmittel Geld nun bei den Menschen etablierte, umso kostbarer wurde auch dieses zuerst fiktive Gut. Banken begannen damit, Gelder von Privatpersonen anzunehmen und diese zu verzinsen, um Geld zur Verfügung zu haben, welches Sie wieder herum als Kredite vergeben konnten, um durch höhere Kredit- als Sparzinsen noch mehr zu „generieren". Der Spruch „Geld regiert die Welt" fand spätestens Ende der 1920er Jahre seine Berechtigung, als die Wallstreet am „schwarzen Donnerstag" den durch diese Kreditblase verursachten ersten

Börsencrash der Geschichte erlebte und daraus die erste Weltwirtschaftskrise entstand.

Vom Prinzip kann man nun festhalten: das Geld als eine fixe Konstante im Warenhandel ist wohl tatsächlich die beste Möglichkeit zum Vergleich. Und noch einfacher gesagt: wenn wir Menschen besondere Dinge besitzen möchten, dann müssen wir besonders viel Geld haben, um diese zu kaufen. Somit hat es sich auch etabliert, seine Arbeitskraft zur Verfügung zu stellen und damit Geld „zu verdienen". Der Arbeitgeber bezahlt uns quasi unsere Lebenszeit und unser Können, das wir ihm zur Verfügung stellen – und seien wir ehrlich, würden wir heute für unsere Arbeitsleistung in Waren bezahlt werden? Eher nicht, denn wir wollen frei sein in der Entscheidung, was wir mit unserem Geld anstellen. Und dabei gilt es, finanziell frei und unabhängig zu sein, ohne dabei zufriedenstellend zu leben.

Zweites Kapitel: Was bedeutet „Geld sparen" eigentlich genau?

Unser eigenes Ausgabeverhalten wird von vielen Einflussfaktoren bestimmt: zum einen sind wir aufgrund unseres Einkommens oder / und Vermögens in natürlicher Weise begrenzt, um zu sparen oder zu konsumieren. Ebenso legt jeder Mensch verschiedenartig gewichteten Wert auf bestimmte Dinge – der eine möchte gern ein prestigeträchtiges Auto, um Eindruck zu schinden, jemand anders legt Wert auf die aktuellsten Trends der Mode, manch einer ist eisern sparsam und gibt sich mit den grundlegendsten Dingen zufrieden. „Jeder hat etwas, was ihn antreibt" ist ein gängiger Werbeslogan eines deutschen Kreditinstitutes und lässt sich tatsächlich auf unser Konsum- und Sparverhalten nahezu ideal übertragen. Ob und was wir kaufen, ob und wieviel wir sparen, das hängt vor allen Dingen davon ab, wie wir unser Leben leben möchten und welchen Wert wir dabei auf welche Art von Dingen legen.

Somit hat nun ein Mensch, der großen Wert auf

verschiedene Statussymbole legt, automatisch höhere Ausgaben. Ein gewisser Teil seiner Persönlichkeit definiert sich darüber, welchen finanziellen Gegenwert seine Besitztümer haben. Klar ist dabei: wer nun gerne teure Designerkleidung trägt, muss dafür auch dementsprechend tief in die monatliche Kasse greifen. Hier ist der erste Angriffspunkt zum Sparen gegeben: kann ich mich auch mit einem Produkt zufriedengeben, was qualitativ vielleicht nicht ganz so hochwertig ist und keinen besonderen Schriftzug trägt, dafür aber vielleicht bis zu 80 Prozent günstiger ist? Sie erkennen das Einsparpotential, hoffe ich?

Simpel betrachtet ist der Prozess des „Ansparens" nun ein Verzicht. In dem Moment des Sparens verzichten wir auf den Konsum bzw. Tausch von einem Produkt. Dies bedeutet wieder herum, dass uns das Gut „Geld" in dem Moment wichtiger ist als die Möglichkeiten der Produkte, die wir für diesen Betrag erwerben könnten. Aber damit nicht genug: wenn wir nun schon auf ein begehrenswertes Produkt verzichten, möchten wir dafür belohnt werden. Somit parken wir unser Geld, das wir nun nicht ausgegeben haben, auf einem dafür geeigneten Konto und erhoffen uns, dass die Bank respektiert, dass wir auf etwas verzichtet haben und uns Zinsen zahlt. Somit kommen wir in den Genuss, beim Verzichten einen Bonus zu bekommen, der uns in einiger Zeit, umso mehr wir sparen, den Kauf von noch viel tolleren Produkten verspricht. Ein empirisch belegter Widerspruch aus der Psychologie sagt übrigens aus, dass die Menschen besonders in den Momenten beginnen zu verzichten, wenn es ihnen finanziell schlecht geht – und in „gut laufenden" Zeiten das Sparen im Vordergrund des Konsums eher in den Schatten stellen. Also tickt der Mensch eher Gegensätzlich dem, was uns unsere Großmütter eigentlich vorgelebt haben: „Geld sparen für schlechte Zeiten, damit man gerade dann etwas hat und keine Not leiden muss". Doch „Sparen" ist eigentlich auch viel mehr, als monatlich einen festen Betrag auf das klassische Sparbuch zu überweisen oder das Schweinchen zu füttern: beispielsweise lassen sich auch im Alltag die notwendigen Kosten reduzieren, sodass man mehr Geld zur Verfügung hat.

Drittes Kapitel: Sparen im Alltag

Leider können wir nicht das komplette Einkommen sparen, das uns monatlich zur Verfügung steht. Auch wenn wir keinen extrem hohen Anspruch an unser Leben haben, möchten wir zumindest die menschlichen Grundbedürfnisse befriedigt wissen. Zum einen gibt uns ein „Dach über dem Kopf" ein Gefühl von Zuhause und Sicherheit, wenn uns der Magen knurrt, brauchen wir etwas zu essen und zu trinken, wenn darüber hinaus die Heizung funktioniert und das Licht in der Wohnung brennt, damit wir nicht im Dunkeln vor uns hinvegetieren, klingt das ja nicht unbedingt ganz verkehrt. Der Haken an der Sache: auch hier tauschen wir natürlich unser Geld gegen die Nutzung von Wohnraum und Dienstleistungen oder Waren wie Essen und Getränken. Aber auch die Befriedigung der menschlichen Grundbedürfnisse kann „optimiert" werden und bietet jede Menge Einsparpotentiale und das langfristig. Alleinige Voraussetzung hierbei ist lediglich, dass wir uns darauf einlassen können und vielleicht ab und an ein wenig Zeit investieren, beispielsweise für Recherchetätigkeiten bei verschiedenen Angeboten.

Nehmen Sie sich für ein kleines Experiment einmal ein wenig Zeit für sich, machen Sie sich einen leckeren Milchkaffee oder Ihren Lieblingstee und gehen an Ihrem Lieblingsplatz einmal in sich: was fällt Ihnen ein, wenn Sie an Ihr Konsum- und Sparverhalten denken? Fühlen Sie sich finanziell sicher und haben trotzdem nicht das Gefühl, dass Sie sich einschränken oder auf etwas verzichten müssen? Herzlichen Glückwunsch, dann haben Sie den Idealzustand erreicht und wären wohl der perfekte Co-Autor für dieses Buch gewesen! Aber wenn wir ehrlich mit uns sind, gibt es in jedem von uns Gedanken wie „Naja, die dritte Lederjacke im Outlet hätte nun echt nicht sein müssen" oder „Heute musste ich schon wieder auf der Autobahnraststätte tanken, weil ich verschlafen habe – der Sprit ist ja so unverschämt teuer dort". Seien Sie ehrlich zu sich selbst – auch wenn generell das Gefühl, nicht „so richtig" mit Geld umgehen zu können, mit Scham besetzt ist, hört sie ja niemand. Wenn Sie dort ein paar Gedanken in Ihrem Inneren finden, möchten wir diese Ideen nicht als „Probleme" definieren, sondern als „Einsparungspotentiale". Im Folgenden habe ich Ihnen nun ein paar Tipps zusammengestellt, die Ihnen bei Einhaltung unter Garantie dabei helfen, Geld im alltäglichen Leben einzusparen – vor allem bei den Ausgaben, die Sie tätigen müssen, um Ihren Alltag zu bestreiten und nicht zu verhungern.

Tipp Nummer 1: Geld sparen lernen kann jeder!

Auch wenn Sie das Gefühl haben sollten, Geld sparen könnten nur die Leute, die in einer Bank arbeiten, Controlling-Abteilungsleiter in Industrieunternehmen sind oder schon auf ein beachtliches Vermögen blicken können, machen Sie sich bewusst: Sie können das genauso gut! Es erfordert lediglich ein wenig Mühe und die Fähigkeit, sich kritisch hinterfragen zu können. Und der erste Schritt ist schließlich schon damit getan, dass Sie sich anscheinend aus eigener Kraft für dieses Thema interessieren und sich dieses Buch gekauft haben (übrigens auch eine „lohnende" Investition ☐ Was genau das ist, lesen Sie später noch). Machen Sie sich bewusst, dass Sie Einsparpotentiale erkennen konnten und diese nun mit Ruhe und Zeit aktiv angehen können!

Tipp Nummer 2: Machen Sie sich Ihrer finanziellen Situation bewusst.

Damit Sie wissen, wo Sie sparen können, müssen Sie erst einmal detailliert darüber Kenntnis haben, wie viele Ausgaben Sie pro Monat haben und wie hoch Ihre Einnahmen sind, die diese Ausgaben decken müssen. Um sich einen Überblick zu verschaffen, sollten Sie dennoch für einen Zeitraum von drei Monaten Ihre Finanzen beachten. Denn manche Ausgaben fallen nicht monatlich, sondern quartalsweise an (zum Beispiel bei Autoversicherungen oft der Fall). Machen Sie sich eine Liste und notieren Sie alle Ausgaben, die Ihnen einfallen. Beachten Sie dabei im nächsten Schritt auch unbedingt die Abbuchungen im letzten Monat von Ihrem Girokonto, vielleicht ist Ihnen auch etwas verborgen geblieben. Beobachten Sie Ihre Ausgaben und ergänzen Sie die Liste, immer dann, wenn Sie merken, dass Sie etwas vergessen haben. Eine beispielhafte Liste mit Kategorien können Sie sich hier ansehen:

	A	B	C	D
1	Datum	Einnahme	Ausgabe	Kategorie
2	01.10.2018	1.300,00 €		Gehalt
3	01.10.2018		500,00 €	Miete
4	02.10.2018		4,00 €	Rauchen
5	02.10.2018		20,00 €	Mitgliedschaft Tennisverein
6	05.10.2018		70,00 €	Auto-Versicherung, Betrag für ein Quartal
7	08.10.2018		60,00 €	Telefonvertrag
8	10.10.2018		246,00 €	Kreditrate
9	Summe	1.300,00 €	900,00 €	
10	Differenz		400,00 €	

Tipp Nummer 3: Beobachten Sie Ihr Kaufverhalten.

Sobald Sie Ihre Ausgaben analysiert haben, können Sie diese sofort „optimieren" - und siehe da, schon werden wir nach ein wenig notwendiger Theorie sofort konkret: stellen Sie sich in nächster Zeit vor jedem Kauf die Frage: „Benötige ich dieses Produkt wirklich zwangsläufig?" Antwortet Ihr Bauch sofort mit Ja, begründen Sie sich den Kauf selbst. „Ich benötige dieses Vollwaschmittel nun, weil ich sonst nicht meine Wäsche waschen kann. Die Dose zu Hause ist leer!" Somit haben Sie einen notwendigen Mangel entdeckt, der durch den Kauf des Produktes beseitigt wird. Dennoch, gehen Sie als Übung noch einen Schritt weiter und fragen Sie sich: „Gibt es zu diesem Produkt auch eine kostengünstigere Alternative?" Sollten Sie eine finden, haben Sie: GELD GESPART! Somit kam durch eine kurze Überlegung schon eine erste

Ersparnis zustande. Beim nächsten Produkt, welches Sie in den Händen halten, stellen Sie sich die Fragen erneut. Lautet Ihre Antwort dieses Mal vielleicht „Ach, noch ein T-Shirt brauche ich eigentlich nicht", fragen Sie sich dennoch: „Warum würde ich es mir trotzdem gerne kaufen?" Ist die Antwort dann „Ich habe eine lange Zeit an anstrengenden Klausurentagen hinter mir und gönne mir jetzt dieses Shirt", ist der Kauf legitim, denn Sie sollen ja trotzdem darauf achten, sich selbst für getane Arbeit zu belohnen. Lautet die Antwort jedoch lediglich „Das Shirt ist so einzigartig im Design, da bin ich morgen der Hingucker in der Kantine", sollten Sie sich das Geld lieber sparen und einen weiteren „Verzichts-Erfolg" in Ihr gedankliches Notizbuch eintragen. Wenn Sie wissen, wofür und weshalb Sie Ihr Geld ausgeben, umso mehr Potenzial haben Sie zur Optimierung Ihrer Finanzen!

Tipp Nummer 4: Tankstellenvergleiche lohnen sich immer!

Tanken Sie nicht erst, wenn Sie unbedingt müssen – dann bleibt nämlich nicht mehr die Wahl der günstigsten Tankstelle im Umkreis. Es gibt übrigens Apps, die regional ansässige Tankstellen direkt anzeigen und vergleichen. Hier gibt es auch Hinweise, zu welcher Tageszeit der Kraftstoff am günstigsten ist. Tanken Sie also immer rechtzeitig, damit Sie nicht auf überteuerte Anbieter (bspw. an der Autobahn) zurückgreifen müssen.

Tipp Nummer 5: Vergleichen Sie besonders Energieanbieter!

Vergleichsportale im Internet machen es möglich – vergleichen Sie Ihren Grundversorger mit Alternativen und wechseln Sie direkt online. Was für Sie nur ein kleiner Aufwand ist, kann Ihnen aufs Jahr gesehen einiges an Kosten sparen. Oft sind die Wechsel mit Preisgarantie und Boni verbunden, sodass Sie auf jeden Fall günstiger werden als bei Ihrem Grundversorger. Dieses Vorgehen sollte auf jeden Fall als „jährliches" To-Do auf dem Kalender stehen, denn wechseln Sie nach Ablauf des Vertrages erneut zu einem anderen Anbieter, sparen Sie wieder (Achtung: Kündigungsfristen beachten!). Sparen Sie dennoch auch im Verlauf des Jahres, indem Sie konsequent darauf achten, in derzeit nicht benutzten Räumen Licht und Heizung auszustellen. LED-Birnen sind übrigens ein wenig teurer in der Anschaffung, machen sich jedoch durch den extrem niedrigen Stromverbrauch und die enorm lange Haltbarkeit sehr schnell bezahlt. Auch hier gilt: am besten nicht im Baumarkt kaufen, vergleichbare Produkte von beispielsweise Amazon Originals sind mindestens genauso gut und mit deutlich niedrigeren Anschaffungskosten verbunden.

Tipp Nummer 6: Vermeiden Sie „ungesunde" Ausgaben!

Wenn Sie rauchen, sollten Sie sich nicht nur aus gesundheitlicher Sicht überlegen, mit dem Glimmstängel aufzuhören – auch finanziell wird die Anzahl der Zigarettenschachteln pro Monat mit einem erheblichen Anteil in Ihr Haushaltkonto eingehen. Natürlich sprechen wir hier von einer blöden Angewohnheit und Sucht, die nicht so einfach aufzugeben ist. Dennoch, vielleicht sind auch als Raucher Einsparungen möglich – wäre es Ihnen vielleicht möglich, die Rauchware zu stopfen oder zu drehen? Das senkt die Kosten schon um ein erhebliches Maß – und nehmen Sie sich doch bitte dennoch den gesundheitlichen Ratschlag zu Herzen!

Viertes Kapitel: Sparen beim Einkaufen

Leider lässt es sich nicht vermeiden, einen Großteil unseres Einkommens in lebensnotwendige Waren zu investieren. Dabei gibt es jedoch eine unsagbare Anzahl an Möglichkeiten, Geld zu sparen – zuallererst lohnt sich immer ein Vergleich von Angeboten der Läden in nächster Nähe. Viele Produkte unterscheiden sich innerhalb einer Stadt von Laden zu Laden oft, Angebote gibt es eigentlich immer. Es lohnt sich jedoch nicht, für geringfügige Ersparnisse Extra-Wege mit dem Auto zurückzulegen, wenn der Ort nicht eh auf dem Weg zur Arbeit oder nach Hause liegt. Denn: der vermehrte Spritverbrauch rentiert sich nicht.

Es lohnt sich beim Einkauf zudem so gut wie immer, auf die günstigen Eigenmarken der Discounter zurückzugreifen. Die hauseigenen Kekse schmecken annähernd genauso gut wie die berühmten Originale, der günstige Weichspüler riecht auch nicht abstoßend und Eier sowohl als auch Milch sind in günstigen Ausführungen auch nicht giftig. Rechnen Sie nur einmal ganz grob über Ihren letzten Einkauf – wie wäre es gewesen, wenn jeder Artikel mindestens 50 Cent günstiger gewesen wäre? Schaut man sich diese Ersparnis innerhalb eines Jahres an, ist die Urlaubskasse schon deutlich gefüllt.

Zu den notwendigen Ausgaben zählt wie oben genannt neben dem Einkauf von Lebensmitteln, auch der Einkauf von Bekleidung. Und wer bewusst und mit Verstand an diese Aufgaben herantritt, kann auch hier jede Menge Geld einsparen. Überlegen Sie sich gut, ob es tatsächlich die vermeintlich gute Markenware sein muss, bei der Sie oft nur den Designernamen mit bezahlen. Textildiscounter sind nicht unbedingt schlechter von der Qualität und haben heutzutage auch schon eine gehörige Auswahl an schicken Sachen. Nutzen Sie hier auch den Kauf per Internet – beispielsweise lassen sich bei Gebrauchtwarenbörsen etliche Schnäppchen erzielen.

Ebenso lohnt sich das Vergleichen von Wunschprodukten bei Anbietern aus dem Internet sehr – die großen Versandhäuser wie Amazon können in der Regel deutlich bessere Preise bieten als der regionale Einzelhandel. Und: die Produktpalette ist so erschlagend groß, dass Sie nahezu jedes Produkt bestellen können – der weitere Vorteil ist, Sie bekommen das Paket direkt nach Hause geliefert. Es gibt durchaus ältere Menschen, vor allem auf dem Land, die sich diesen Service mit Hilfe der Kinder zu Nutze gemacht haben und somit fast autark leben.

Fünftes Kapitel: Führen Sie ein Haushaltsbuch!

Leider reicht nicht nur das alleinige Beobachten Ihres Kaufverhaltens oder der Angebote beim Einkaufen aus, um Ihre monatlichen Ausgaben langfristig zu optimieren. Wichtig ist nach wie vor die detaillierte Kenntnis über Ihre Einnahmen und Ausgaben. Um sich einen Überblick über die monatlich laufenden Kosten zu verschaffen, empfiehlt es sich, eine kleine Buchführung für sich selbst zu eröffnen. Dies muss kein Geschäftsbericht einer Controllingabteilung werden, erfordert aber trotzdem ein wenig regelmäßigen Fleiß. Richten Sie sich eine Tabelle mit den wichtigsten Kategorien ein (Sie sehen unten ein Beispiel): Datum, Einnahmen, Ausgaben, Betrag, Grund, Saldo. Nun ist es erforderlich, diese noch leere Darstellung mit Leben zu füllen. Betrachten Sie zuerst für einen Monat lang die Ausgaben, die Sie tätigen – lassen Sie sich bei jedem Kauf Belege mitgeben. Was bei Einzelhandelsgeschäften Gang und Gebe ist, ist nach freundlicher Nachfrage auch beim Bäcker möglich. Denken Sie dabei an jeden Kauf, auch wenn es nur der morgendliche Milchkaffee zum Mitnehmen, die Zigarettenschachtel beim Kiosk oder die Bahnfahrkarte zur besten Freundin an dem See ist. Dann nehmen Sie sich einmal pro Tag die Zeit, Ihre Ausgaben in die Liste einzutragen. Dadurch, dass im Idealfall immer ein Grund der Ausgabe eingetragen werden sollte, erhalten Sie am Ende des Monats eine detaillierte Übersicht über all Ihre Ausgabenbereiche. Die Spalte „Saldo" ist eine simple Methode, um jederzeit einen genauen „Kassenbestand" vor Augen zu haben. Wir nehmen nun in unserem Beispiel einmal an, Sie hätten nach Abzug aller Fixkosten noch 400 Euro im Monat zur freien Verwendung und beginnen beispielhaft, ein Haushaltsbuch zu führen:

	A	B	C	D	E
1				**Haushaltsbuch**	
2					
3	Datum	Einnahme	Ausgabe	Grund	Saldo
4	01.10.2018	400,00 €		Einzahlung Haushaltskasse	400,00 €
5	02.10.2018		24,00 €	Zigaretten	376,00 €
6	02.10.2018		7,50 €	Döner	368,50 €
7	02.10.2018		45,00 €	Auto tanken	323,50 €
8	05.10.2018		16,00 €	Zigaretten	307,50 €
9	05.10.2018		8,20 €	Kaffee trinken	299,30 €

Sie sehen auf den ersten Blick, dass das Haushaltsbuch relativ übersichtlich gestaltet und einfach gehalten ist. Genau das soll auch so sein, denn diese Aufgabe soll für Sie, zum ohnehin stressigen Alltag, keineswegs zu einer zusätzlichen Belastung werden. Bitte beobachten Sie so im ersten Monat der Aufzeichnungen ausschließlich Ihr Ausgabeverhalten ohne sich einzuschränken. Das hat den Vorteil, dass sie ungeschönt Ihren normalen Umgang mit Geld beobachten dürfen und somit auch etwas über sich selbst lernen. Machen Sie sich dann die langfristigen Vorteile bewusst: Wenn Sie sich nun Ende Oktober mit dem ausgefüllten Haushaltsbuch für den Monat auseinandersetzen, können Sie Einsparpotentiale erkennen.

Sechstes Kapitel: Schulden abbauen

Schulden belasten einen Menschen auf erhebliche Weise – insbesondere dann, wenn der Berg der Schulden so hoch ist, dass man selbst nicht mehr die Hoffnung hat, alles abzahlen zu können. Aber auch wenn es noch nicht so weit gekommen ist, sind Schulden und Verbindlichkeiten immer eine Belastung, die jeden Monat aufs Neue erneut zu Buche schlägt. Dies kann sich sogar auf psychosomatische Weise äußern und im wahrsten Sinne des Wortes „krank" machen. Psychologen und Ärzte sind sich einig, dass eine Überschuldung ein großes Bauteil für inneren Stress ist und sich somit negativ auf die Gesundheit auswirkt.

Umso schwieriger ist die Situation auch in unserer Konsumgesellschaft zu begreifen: da Deutschland ein enorm hohes Potenzial zu Qualität und Statussymbolen hat...

Der typische deutsche Traum ist ein eigenes Haus mit seiner Familie, ein toller Job, guter Verdienst und auch noch ein richtig schickes Auto. Konsumgüter der Unterhaltungsindustrie, wie mächtig schöne Fernseher und teure Smartphones tragen ebenso ihren Teil dazu bei, dass wir Menschen immer mehr das Gefühl bekommen, wir können nicht mehr richtig mithalten. Der Einzelhandel lockt uns dann mit tollen Angeboten, um uns das Gefühl zu geben, wir können uns doch auch diese tollen Produkte leisten. Im Grunde genommen kann man mit einem regelmäßigen Einkommen so gut wie alles finanzieren, was unser Herz begehrt. Und dann zahlen wir und zahlen wir und zahlen wir...

Die Zinslage im Jahr 2018 ist geschichtlich derart niedrig wie noch nie zuvor. Die Europäische Zentralbank hat den Leitzins schon vor langem auf die Null-Prozent-Schwelle korrigiert, was für erschlagend niedrige Zinsen auf Tagesgeldkonten und Sparbücher sorgt, aber auch die Kredite günstiger werden lässt.

Als Grundsatz gilt: Muss ich für etwas mehr bezahlen, als es eigentlichen wert ist, ist die Investition schlecht!

Dies gilt vor allem für Dinge wie Fernseher oder Handys, die oft mit Null-Prozent-Finanzierungen angeboten werden. Angenommen, Sie kaufen ein Handy für 700 € mit einer Laufzeit von 24 Monaten – nach einem Jahr haben Sie 350 Euro abbezahlt, das Handy ist aber schon keine 350 Euro mehr wert. Das hieße, selbst durch einen Verkauf des Produktes könnten Sie die Schulden nicht komplett ablösen.

Ein weiterer Grundsatz lautet: trotzdem sind nicht alle Schulden schlecht!

Tatsächlich gibt es jedoch ebenso Investitionen, die wir finanzieren können, ohne dabei ein schlechtes Gewissen zu haben. Es kommt ganz auf unsere persönliche Kosten-Nutzen-Analyse an. Dass wir als Arbeitnehmer, die noch 30 bis 40 Jahre Arbeitsleben vor sich haben, nicht den allergrößten Rentensatz bekommen werden, dürfte sich mittlerweile bis in die letzten Dörfer herumgesprochen haben. Daher ist der „deutsche Traum" einer eigenen Immobilie immer noch eine gute Investition. Im idealen Fall hat man bei Renteneintritt eine Bleibe, für die man keine Miete mehr bezahlen muss und kann sich von der

„mickrigen" Rente noch etwas gönnen, ohne dass der gesamte Betrag für die Lebenshaltung ausgegeben werden muss.

Ebenso ist ein Studienkredit sinnvoll – sofern Sie das Studium erfolgreich hinter sich gebracht haben. Somit sichert der Kredit nicht nur, die finanzielle Freiheit innerhalb der zu absolvierenden Semester, auch bekommen Sie in der Regel einen deutlich besser bezahlten und auf lange Sicht sichereren Arbeitsplatz als ohne ein Studium. „Bildung kostet" ist zwar ein richtiges Argument, aber im besten Fall zahlt sie sich am Ende auch aus.

Wenn Sie Schulden haben, aus welchen Umständen diese nun auch entstanden sind, ist es wichtig, die Verbindlichkeiten einmal näher anzusehen. Verschaffen Sie sich daher zum Anfang einen Überblick über Ihre Schuldensituation. Ähnlich wie bei der Aufstellung Ihrer Einnahmen und Ausgaben im Haushaltsbuch, sollten Sie sich hier einen sorgfältigen und ehrlichen Überblick verschaffen. Arbeiten Sie im idealsten Fall mit einer Excel-Liste und tragen Sie alle Informationen zusammen, die Sie über Ihre Verbindlichkeiten finden können. Dazu gehören neben der monatlichen Belastung ebenso die Laufzeit der Kredite und der Zinssatz. Summieren die Beträge auf, um Ihre Gesamtschulden zu erhalten. Wie viele verschiedene Einzelkredite haben Sie? Vergessen Sie auf keinen Fall die laufenden Null-Prozent-Finanzierungen für Produkte oder ähnliche Dinge, die Sie gekauft haben.

Maßnahmen zum Schuldenabbau

Die Grundregel lautet:
Einnahmen erhöhen oder Ausgaben senken, im besten Fall in Kombination.
Gehen wir einmal von folgender Beispielrechnung aus. Sie verdienen im Monat 1.500 € netto. Nach Abzug von 500 € Miete (Richtwert: ein Drittel des Einkommens), 400 € Verbindlichkeiten aus Schulden, 100 € Spritkosten, 200 € Kosten für Lebenshaltung, 150 € Sparen für Autoversicherung und GEZ bleiben ihnen noch etwa 150 € zur freien Verfügung im Monat über. Das ist tatsächlich nicht sonderlich viel. Einige Möglichkeiten, wie Sie ihre monatlichen Ausgaben strukturieren und im besten Fall optimieren können, wurden vorhin schon genannt.

Nun gilt es, die Einnahmen zu erhöhen. Für die Zeit der Überbrückung bis zur schuldenfreien Zeit sollten Sie sich vor Augen halten, dass dies eine sehr wichtige und notwendige Zusatzquelle für die Minderung der Gesamtschuldenlast ist. **Umso mehr Geld Sie im Monat zur Verfügung haben, umso mehr können Sie in die Verbindlichkeiten investieren und umso schneller sind Sie schuldenfrei!** (Wir sprechen erst einmal ausschließlich von „Konsumschulden" ohne anrechenbaren Gegenwert, Tücke bei 0-Prozent: Ware ist nicht mehr so viel wert wie zu Beginn!)

Tipp Nummer Eins: Überdenken Sie Ihren derzeitigen Lebensstandard!

Der eigene Lebensstandard wird von Ihnen selbst definiert – und es ist auch Ihre Aufgabe, diesen Standard zu überdenken oder anzupassen, wenn Sie das Ziel verfolgen möchten, zusätzliche Einnahmen zu erzielen. Muss es beispielsweise ein schickes Auto sein, dass teuer im Unterhalt ist und Sie so monatlich immer wieder aufs Neue belastet oder reicht in diesem Moment des finanziellen Ungleichgewichtes nicht auch ein sparsameres Fortbewegungsmittel, um von A nach

B zu kommen?

Tipp Nummer Zwei: Suchen Sie sich einen Nebenjob!

Wichtig zu wissen ist hierbei vor allen Dingen die steuerliche Regelung, dass Sie bis 450 € monatlich steuerfrei zu Ihrem Haupteinkommen dazu verdienen dürfen. Ganz egal, ob Sie sich beispielsweise als Kassiererin bezahlen lassen, eine Tätigkeit beim Waren einräumen vornehmen oder sogar durch ein Kleingewerbe selbstständig Einnahmen erzielen – Sie haben zwar nicht die Pflicht, Ihren Arbeitgeber von einem Nebenerwerb zu unterrichten, es sorgt jedoch für ein gutes Vertrauensverhältnis, weshalb Sie das unbedingt tun sollten.

Tipp Nummer Drei: Verkaufen Sie nicht mehr benötigte Dinge!

Aber auch im Kleinen können Sie beginnen, nicht mehr benötigte Dinge zu Geld zu machen. Ganz egal, ob auf Flohmärkten oder im Internet via eBay: es gibt eigentlich für jedes auch gebrauchte Produkt einen potenziellen Käufer. Plattformen wie beispielsweise Kleiderkreisel.de sind sogar auf Anziehsachen spezialisiert, sodass Sie sogar beim Aussortieren Ihres Schrankes noch den ein oder anderen Euro dazuverdienen können. Natürlich ist das Inserieren von Artikeln erstmalig ein kleiner Aufwand, aber dennoch machen Sie beim Verkauf einen Gewinn, da meist für die Nutzung von Verkaufsplattformen keine Gebühren mehr erhoben werden. Selbst soziale Netzwerke wie Facebook haben integrierte Marktplätze mit hoher Reichweite, die Ihnen Verkäufe ermöglicht. Und wenn Sie eh gerade dabei sind, zu surfen, nutzen Sie die Zeit doch gleichzeitig produktiv!

Denken Sie daran: selbst wenn Sie nebenbei sparen, machen Sie erst Gewinn, wenn Sie keine Zinsen und Raten für Schulden mehr zahlen müssen!

Siebtes Kapitel: Durch Sparen ein Vermögen aufbauen

Bleiben wir zu Beginn dieses Kapitels einmal realistisch: ausschließlich allein durch ein Sparbuch, auf das wir jeden Monat regelmäßig einen Geldbetrag überweisen, werden wir noch keine Millionäre. Zumindest nicht in der Lebenszeit, die uns auf diesem Planeten zur Verfügung steht. **Haben wir jedoch einen fixen monatlich für uns definiert, den wir zum Vermögensaufbau verwenden wollen, können wir uns gezielt überlegen, wie wir ihn am schlausten einsetzen.**

Die derzeit typischen Angebote zum Vermögensaufbau der Hausbanken setzen meist auf ein kombiniertes System mit einem Fixbetrag auf ein klassisches Sparbuch und einem Anteil in einen fondsgebundenen Aktienfundus, der für mehr Rendite sorgen soll. Zwar garantieren die Banken meist die einhundertprozentige Rückkehr des eingesetzten Kapitals, der Gewinn wird sich trotz längerer Laufzeit dennoch sicherlich im Rahmen halten, da weder Aktienkurse noch fondsfinanzierte Unternehmungen vorhersehbar sind.

Dennoch gilt hier das Grundprinzip: Die Hauptsache ist, Ihr eingesetztes Kapital vermehrt sich in einem bestmöglichen Maß und das geht in der Regel deutlich über die mickrigen Sparbuchzinsen hinaus. Haben Sie bei so einem Modell die bestmögliche Kombination ausgelotet, sollten Sie dennoch vor dem Entschluss auf die Laufzeit achten. Oft rentiert es sich, die Gewinne nach einer kürzeren Laufzeit zu nehmen und dann erneut zu investieren.

In den letzten Jahren hat sich das Festgeld als klassisches Sparmodell ebenfalls etabliert – manche Kreditinstitute bieten hier oftmals auch kurze Laufzeiten mit direkter anschließender Zinsgutschrift an. Tagesgeldkonten bieten sich immer dann an, wenn Sie einen gewissen Betrag Geld für einen bestimmten Zeitraum locker entbehren können und sind der erste Einstieg in den Bereich „Ich lasse mein Geld für mich arbeiten".

Fazit: Sie merken, so vielfältig die Möglichkeiten eines Vermögensaufbaues sind, so flexibel müssen Sie mit Ihrem Geld agieren, um Gewinne zu erzielen.

Geldbestände auf Tagesgeldkonten und Sparbüchern sind zwar sicher, bringen aber langfristig gesehen nicht die besten Renditen. Bleiben Sie flexibel und vermeiden Sie zu lange Laufzeiten – insbesondere bei Kleinbetragsgeschäften. Suchen Sie nach Ablauf der Zeit nach einem besseren Angebot und investieren Sie mit dem Zinseszinseffekt erneut.

Bei Sparplänen bieten sich vor allen Dingen **Lebensversicherungen** an, da sie den bislang besten Ertrag bieten. Zudem ist Ihre Familie im Falle eines Falles abgesichert. Sollte die Versicherung auslaufen, können Sie sich über einen ordentlichen Betrag freuen.

Sorgen Sie für eine Vorsorge im Alter, um dann weiterhin finanziell flexibel zu bleiben. Anbieten tun sich nach wie vor bestimmte Rentenversicherungen, die staatlich gefördert werden und Ihre gesetzliche Rente aufstocken.

Ausblick: Der Duft von finanzieller Freiheit

Aufgrund Ihrer Lebenssituation machen es uns Bill Gates und seine reichsten Mitstreiter der Welt oftmals vor: wenn man soviel Geld hat, dass man wie Onkel Dagobert sprichwörtlich darin schwimmen könnte, scheint es, als wären keinerlei Sorgen mehr im Leben vorhanden. Die Villa wird quasi in bar bezahlt, der Ferrari blitzt und funkelt in der Sonne vor der Haustür und die Dame des Herzens zieht ihre Bahnen im garteneigenen 20-Meter-Pool.

Bleiben wir doch auch hier noch einmal realistisch – zwar gibt es auch sogenannte „Self-Made-Millionäre", aber die haben auch Jahrzehnte voller Ehrgeiz, Fleiß und jeder Menge glücklicher Zufälle investiert, um diesen Status zu erreichen. Die schlechte Nachricht: leider sind nicht alle Menschen für so einen Karriereweg gemacht. Vielmehr stehen oftmals eigene Bedürfnisse im Vordergrund und manchen Personen ist das Thema Geld auch „einfach nicht so wichtig". Im Prinzip haben beide Seiten ein wenig Recht, denn Geld sollte tatsächlich nicht alles sein, was im Leben zählt – denn „Geld allein" macht wirklich nicht glücklich. Aber: es beruhigt. Genug Beispiele liefern Drogen- und Partyexzesse der Stars und Sternchen. Mancher Lottomillionär war schneller wieder blank als er den Lottoschein überhaupt ausgefüllt hatte und auch Top-Manager wandern aufgrund Steuerhinterziehung oft genug ins Gefängnis.

Wie bekommt man also nun den Spagat zwischen Zufriedenheit und dem Wunsch nach Reichtum hin? Wichtig ist vor allem, das „gute liebe Geld" so in unser Leben zu integrieren, dass es uns weder durch Schulden belastet, noch dass es uns süchtig macht. Es muss uns lediglich „beruhigen", also unsere laufenden Kosten decken, uns nach Vorsorge im Alter absichern und im besten Fall noch Platz für die Erfüllung von Herzenswünschen ermöglicht.

Ich nenne diese Formel:

Basis-Zufriedenheit + Grundsicherheit + Altersabsicherung + die Extramünze

Die **Basis-Zufriedenheit** ist existenziell wichtig, denn

sie beinhaltet alle Dinge, die wir nicht mit Geld kaufen können. Wenn wir mit uns im Inneren im Reinen sind, uns einer blendenden Gesundheit erfreuen, von Liebe und Freundschaft umgeben sind, haben wir eine gute Basis und auch unser Umgang mit Geld ist ein anderer, als wenn wir ständig todunglücklich sind. Denn dann neigt der Mensch auf natürliche Weise dazu, dieses „innere Loch" mit materiellen Wünschen zu stopfen, was sich zwangsläufig auf unseren Geldbeutel auswirkt. Sorgen Sie somit als Grundlage für eins: dass es Ihnen gut geht!

Unter der **Grundsicherheit** verstehe ich die finanzielle Absicherung für kleine, oftmals spontan entstehende Geldnöte. Eröffnen Sie sich ein Tagesgeld, dass Ihnen für kurzfristige Kapitelbedarfe Geld zur Verfügung stellt, ohne dass Sie Ihren Dispo nutzen müssen. Ab und zu kommt eine ungeplante Autoreparatur, die Waschmaschine geht kaputt oder der Worst-Case tritt ein: Sie verlieren Ihren Job. Als Faustregel kann man hier annehmen, dass Sie ein dreifaches Monatsgehalt auf Ihrem Tagesgeldkonto haben „sollten" – das hilft, die Zeit nach dem Jobende bis zum Neuanfang zu überbrücken, ohne dass Sie finanzielle Einbußen haben.

Der Begriff der **Altersabsicherung** ist fast selbsterklärend: der Tag, an dem Sie in Ihre Rente eintreten, sollten Sie sich keine Gedanken mehr darüber machen, ob die Rente reicht oder nicht. Dies kann entweder durch ein bezahltes Eigenheim passieren, indem Sie keine Miete mehr zahlen müssen oder eine Aufstockung der gesetzlichen Rente durch Zusatzprodukte. Vielleicht haben Sie auch noch eine betriebliche Altersvorsorge, die auch noch einmal Erleichterung im Alter schafft. Dennoch: es geht in erster Linie im Alter nicht vorrangig darum, die Millionen zu wenden, sondern KEINE horrenden Kosten mehr zu haben!

Die **Extramünze** ist der Betrag an Geld, der Ihnen zusätzlich zu den anderen Absicherungen die Lebensqualität ermöglicht, die Sie sich wünschen. Die Extramünze ist kein Fixbetrag, sondern hängt ganz von Ihnen und Ihrem Sparverhalten ab – jeder gesparte Cent macht über Jahre lang Sinn. Ebenfalls geht es bei der Extramünze nicht nur darum, dass Sie „reich" sind, sondern dass Sie sich etwas davon kaufen, dass Sie wirklich erfüllt und glücklich macht – über die Grundsicherung heraus. Das kann die

Investition in ein tolles Hobby, das besondere Auto, die Harley oder der große Fernseher an der Wand sein. Wichtig ist nur, dass Sie sich für Ihre Wünsche NICHT verschulden, sondern es sich ersparen, damit Sie den Betrag auch zu schätzen wissen. Im besten Fall sind Ihre Güter natürlich so preisbeständig, dass Sie sich kurzfristig wieder zu Bargeld machen lassen, damit Sie auch mal etwas anderes oder Neues ausprobieren können. Aber auch wenn Sie sich etwas geleistet haben – sparen Sie weiter einen festen Betrag auf Ihr persönliches „Extra-Konto" und hören Sie niemals damit auf. Üben Sie Verzicht auf unwichtige, nur kurzfristig glücklich machende Dinge und Waren und sparen Sie, bis Sie Ihren eigenen Betrag X erreicht haben, der Sie persönlich „reicht" macht.

Die fünf besten und effektivsten Spartipps

1. Überlegen Sie VOR dem Kauf, ob Sie das Produkt benötigen!

Überdenken Sie Ihre Entscheidung vor dem Kauf noch einmal. Brauche ich das Produkt zwangsläufig? Wenn ja, gibt es eine günstigere Alternative? Oder kann der Kauf auch noch ein wenig warten, wenn ich es nicht sofort benötige?

2. Erfüllen Sie sich erst Ihre Wünsche, wenn Sie das Geld auch wirklich dafür haben!
Lassen Sie sich nicht von attraktiven Finanzierungsangeboten locken, sondern sparen Sie auf das Produkt, dass Sie gerne erwerben möchten. Damit wissen Sie es zum einen besser zu schätzen, zum anderen machen Sie keine unnötigen Schulden und zahlen am Ende „drauf".

3. Vergleichen Sie sämtliche Kosten, die Sie haben!

Können Kredite zu günstigeren Konditionen umgeschuldet werden? Gibt es Energieversorger, die günstiger sind? Kann bei einer anderen Bank die Kontoführungsgebühr eingespart werden? Es gibt unzählige Angriffspunkte, um die monatliche Fixkostenbelastung zu reduzieren!

4. Nehmen Sie Angebote bewusst wahr!

Planen Sie beispielsweise Ihre Geburtstagsfeier und planen diese, können Sie auch schon im Voraus auf Angebote zurückgreifen. Ist die Cola beispielsweise erheblich reduziert und Sie das Angebot im Vorbeigehen wahr, kaufen Sie ruhig schon, was Sie brauchen. Manche Waren sind gut haltbar und selbst wenn Sie schon vor der Feier im Angebot sind, sparen Sie meist mehr, als einen Tag vorher unter Zeitdruck alles auf einmal besorgen zu müssen.

5. Überdenken Sie Ihren Anspruch an Ihr Leben!

Oftmals sind unsere Ausgaben fest damit verknüpft, wie wir unseren Lebensstandard gerne haben möchten. Sind wir bereit, diesen zu überdenken, dann können wir sicherlich in einigen Bereichen erhebliche Einsparungen vornehmen. Denken Sie einmal darüber nach...

Danksagung

Ohne die Unterstützung einer ganzen Reihe von Menschen wäre dieses Buch nicht möglich gewesen.

Zu aller erst danke Ich meiner Familie, die, egal, was Ich verfolge, immer hinter mir steht. Darunter zählen meine drei Schwestern, meine Eltern, mein Hund und noch viele andere tolle Menschen. Da Ich so eine riesengroße Familie habe, erspare Ich es mir an dieser Stelle, jeden Einzelnen aufzuzählen!

Weiterhin danke Ich meinen verstorbenen Opa, der mir bestimmte Verhaltensweisen und Charaktereigenschaften, nähergebracht hat. Ohne Ihn wäre Ich nicht derjenige, der Ich jetzt bin.

Meiner Freundin bin Ich unglaublich dankbar, dass sie mir jederzeit mit Rat & Tat zur Seite steht. Sie hält mir, wo es nur geht, den Rücken frei und motiviert mich an meinen Zielen zu arbeiten. Ich bin dankbar, dass Du mit mir diesen Weg gehst und mich stets unterstützt!

Außerdem bin Ich einer Reihe von Mentoren & Coaches dankbar, von denen Ich in puncto Persönlichkeitsentwicklung, Finanzen, Familie etc. lernen durfte. Durch Euch habe Ich die Möglichkeit entdeckt, mein Wissen weiterzugeben und Menschen zu motivieren.

Impressum

© 2018 Michael Freitag
Alle Rechte vorbehalten

Herausgeber:
Michael Freitag
alias Joshua Pfeil
Beudeweg 27a
61352 Bad Homburg

Buchcover:
Creativenerds – Fiverr.com

Das Werk, einschließlich seiner Teile, ist urheberrechtlich geschützt. Jede Verwertung ist ohne Zustimmung des Verlages und des Autors unzulässig. Dies gilt insbesondere für die elektronische oder sonstige Vervielfältigung, Übersetzung, Verbreitung und öffentliche Zugänglichmachung.

Druckerei: Amazon Media EU S.á r.l., 5 Rue Plaetis, L-2338, Luxembourg

www.ingramcontent.com/pod-product-compliance
Lightning Source LLC
Chambersburg PA
CBHW031551210526
45464CB00003B/1254